Género No ficción

Pregunta esencial

¿Qué hacen juntos los amigos?

Tengo un amigo

Carmen Delfino

Capítulo 1
Amigos en la escuela

Tengo un amigo y juego en el parque con él. Corremos y saltamos sin parar. Mira, aquí estoy con mi amigo Lalo. Es divertido tener un amigo, ¿no crees?

¡Vamos, Lalo! ¡Corre!

En la escuela hago muchas cosas con mis amigos. Mi amigo Matías y yo leemos libros.

¡Mira, Matías! Este libro es muy bueno.

¿Qué te gusta leer a ti?

Yo estudio en la escuela con mis amigos. Este es mi amigo Milo. Él es muy bueno en la clase de matemáticas. Yo soy muy bueno en la clase de español. Mi amigo me ayuda con matemáticas y yo lo ayudo con español.

¡Gracias, Milo!

Lupo y yo somos amigos. Lupo es un chico muy educado. Todos los días me saluda en la puerta de la escuela. Yo también lo saludo con la mano.

¡Hola, Lupo!

Capítulo 2
Amigos en casa

Yo veo la tele en casa con mi amigo Memo. Nos divertimos viendo películas de animales. Nos gustan mucho los leones, los pumas, los monos y todas las aves.

¡Mira eso, Memo!

Este es mi amigo Pepe. Pepe y yo jugamos a la pelota en el patio de la escuela.

¡Te toca a ti, Pepe!

Yo hago muchas cosas con mis amigos. Mira. Este es mi amigo Poli. Él hace una buena limonada y yo le pongo miel.

¡Mmmmm! ¡Qué rica limonada, Poli!

Capítulo 3
Amigos especiales

Yo tengo un amigo que es muy, pero muy peludo. ¡Y tiene orejotas! Mi amigo se llama Loto.

¡Dame la patita, Loto! ¡Así me gusta, amigo!

Yo tengo un amigo especial. Se llama Tulio, como yo. Él es el papá de mi papá.

Con él juego, hablo y aprendo.

¡Es tu turno, abuelo!

Yo tengo un amigo que me encanta. Es mi papá y se llama Luis.

¡Es mi mejor amigo!

¿Quién es tu mejor amigo?

Respuesta a la lectura

Volver a contar

Vuelve a contar detalles de *Tengo un amigo* con tus palabras.

Detalle	Detalle	Detalle

Evidencia en el texto

1. Mira la página 7. ¿Qué detalles te dicen a qué juegan los amigos? **Detalles clave**
2. Mira la página 9. ¿Por qué su amigo es especial? **Detalles clave**
3. ¿*Tengo un amigo* es un cuento de ficción o de no ficción? ¿Cómo lo sabes? **Género**

Género **Poesía**

Compara los textos

Lee para saber lo que estos amigos hacen juntos.

Con mis amigos

rima tradicional

ilustrado por Nana Gonzales

Con mi amiga Adela,
bailo en la escuela.

Con mi amiga Tomasa,
bailo en la casa.

Con mi amiga María,
juego todo el día.

Con mi amigo Leo,
platico en el recreo.

Con mi amigo Agustín,
paseo en monopatín.

Con mi amiga Julieta,
ando en bicicleta.

¿? Haz conexiones

Observa las imágenes del poema y del texto. ¿Qué juegos comparten los amigos? ¿Qué imagen de *Tengo un amigo* usarías para ilustrar el poema?

El texto y otros textos

Enfoque:

Estudios Sociales

Propósito Descubrir qué hacen tus amigos cuando están juntos

Paso a paso

Paso 1 Pregúntales a tus amigos qué les gusta hacer juntos.

Paso 2 Haz una tabla como esta.

Mis amigos	Les gusta

Paso 3 Completa la tabla. ¿Tus amigos prefieren jugar en casa o afuera?

Paso 4 Comenta lo que aprendiste.